Voyage

HISTORIQUE ET PITTORESQUE

DE ROUEN A PARIS,

ET

DE PARIS A ROUEN,

Sur la Seine,

EN BATEAU A VAPEUR,

Par un Rouennois.

AVEC UNE CARTE DES RIVES DE LA SEINE
ET UNE VUE DU CHATEAU-GAILLARD.

ROUEN.

ÉDOUARD FRÈRE, ÉDITEUR,

LIBRAIRE DE LA BIBLIOTHÈQUE DE LA VILLE,

Quai de Paris, 45.

—

1837.

VOYAGE

DE ROUEN A PARIS,

SUR LA SEINE.

SE VEND :

A Paris,   Delaunay, libraire, Palais-Royal.
chez   Maison, libr., quai des Augustins, 29.

A Rouen, chez les principaux libraires.

—   Et à bord des bateaux à vapeur.

Prix : 1 f. 25 c.

PARIS. — IMPRIM. DE CASIMIR ;
RUE DE LA VIEILLE-MONNAIE, 12.

Chateau-Gaillard au petit Andeli.

VOYAGE

HISTORIQUE ET PITTORESQUE

DE ROUEN A PARIS,

ET

DE PARIS A ROUEN,

SUR LA SEINE,

EN BATEAU A VAPEUR;

Par un Rouennais.

AVEC UNE CARTE DES RIVES DE LA SEINE ET UNE VUE
DU CHATEAU GAILLARD.

ROUEN.

EDOUARD FRÈRE, ÉDITEUR,

LIBRAIRE DE LA BIBLIOTHÈQUE DE LA VILLE,
Quai de Paris, 45.

—

1837.

COURS GÉNÉRAL

DE LA SEINE.

La Seine prend sa source dans le département de la Côte-d'Or, dans un vallon boisé, au hameau de Saint-Germain-la-Feuille, situé au versant occidental du mont Tasselot, entre Chanceaux et Saint-Seine, et à cinquante pas de la route de Dijon à Paris : c'est un des quatre grands fleuves qui arrosent la France. Après un cours de plus de deux cents lieues de l'est à l'ouest, la Seine vient se jeter dans l'Océan, entre Honfleur et Le Havre. Elle reçoit les eaux de vingt-six rivières, et baigne trente villes.

Ce fleuve arrose en Bourgogne Châtillon, et en Champagne Mussy-l'Évêque ; il rentre dans la première province et y reçoit la *Laignes* à gauche, et l'*Ource* à droite ; il passe à Bar, traverse le département de l'Aube, où il reçoit à gauche la *Sarce* et l'*Hozain* ; il prend la *Barse* à droite, passe à Troyes, où il commence à porter bateau, baigne Méry et Pont, et reçoit l'*Aube* au-dessus de cette ville.

La Seine dirige ensuite son cours vers l'ouest, où elle reçoit à droite le ruisseau de *Villenoxe* ; elle arrose Nogent ; là elle est pleinement navigable ; elle passe ensuite à Bray, prend la *Voulzie* à droite, baigne Montereau, où elle reçoit l'*Yonne* à gauche : elle entre ensuite dans le département de Seine-et-Marne, prend à gauche le *Loing* ou canal de *Briare*, traverse Melun et Corbeil, où elle reçoit à gauche les eaux de l'*Essonne* ; elle passe ensuite à Villeneuve-Saint-Georges, où elle prend l'*Yères* à droite et l'*Orge* à gauche ; elle baigne les murs du château de Choisy-le-Roi, reçoit à droite la *Marne* près de Charenton, et prend, à son entrée dans Paris, la petite rivière de *Bièvre*, à gauche.

Après avoir traversé la capitale de la France, où elle forme plusieurs îles, la Seine coule vers Sèvres, Saint-Cloud, Neuilly, Saint-Denis, et reçoit les eaux du *Crou* ; elle passe ensuite par Argenteuil, Bezons, Marly, Saint-Germain, ancienne résidence du roi Jacques II, reçoit à droite l'*Oise* près d'Andresis, et vient baigner Poissy, patrie de saint Louis, Triel, pittoresquement échelonné sur une hauteur parallèle au cours du fleuve, et Meulan, ville ancienne qui a perdu cette importance dont elle jouissait dans le moyen âge. Elle prend à gauche la *Mauldre*, se promène sous les murs de Mantes, surnommée *la Jolie*, et où fut mortellement blessé Guillaume-le-Conquérant, en 1087. Là elle reçoit aussi à gauche la *Vaucouleurs*. Nous la voyons ensuite passer devant Rosny, ancienne résidence de Sully, et depuis demeure favorite de la

duchesse de Berry, recevoir l'*Epte* à Giverny, un peu
au-dessus de La Rocheguyon, traverser Vernon et les
Andelys, que semble protéger encore le fameux château Gaillard, cette *fille d'un an* de Richard-Cœur-
de-Lion, prendre à droite l'*Andelle* près de Pitres, et
à gauche l'*Eure*, près de Lery. La Seine baigne la
côte des Deux-Amants, célèbre dans les romances
populaires de la contrée, Le Pont-de-l'Arche, ancienne
cité encore enceinte de murailles, puis reçoit à gauche l'*Oison*, traverse Elbeuf, si riche par ses manufactures de draps, prend ensuite à droite la *Robec* et
l'*Aubette*, deux rivières auxquelles Darnetal et Rouen
doivent une partie de leur prospérité, et qui se jettent
dans le fleuve près du Jardin des Plantes à Rouen.

Le cours de la Seine, de Paris à Rouen, est de
soixante-douze lieues environ, et, de Rouen au Havre, de trente-six lieues.

La Seine traverse Rouen, où des navires de 200
tonneaux peuvent facilement aborder. De cette ville
à la mer, on la désigne sous le nom de *Basse-Seine*;
elle prend à droite la *Cailly*, et passe devant la
Bouille; la rivière de *Saint-Austreberthe* vient se
réunir à elle à Duclair, après avoir vivifié les nombreux
établissements hydrauliques situés dans les vallées
de Pavilly, de Barentin, de Villers et de Saint-Paër;
près de Caudebec, elle reçoit les eaux de *Sainte-Ger-
trude* et de *Rançon*, qui alimentent plusieurs usines

importantes. Après avoir laissé Jumiéges à droite et la Mailleraye à gauche, la Seine, arrivée à Quillebeuf, commence à devenir fort large; elle reçoit à droite la *Bolbec* au Mesnil-sous-Lillebonne, la *Lézarde* près d'Harfleur, et la *Risle* à gauche, près de Conteville; un peu plus loin, elle se perd dans l'Océan par une embouchure de trois lieues de largeur.

VOYAGE

DE ROUEN A PARIS

PAR LA SEINE.

CHAPITRE PREMIER.

Des Bateaux à Vapeur.

L'application des machines à vapeur à la navigation est, de toutes les inventions des mécaniciens modernes, celle qui, dans certaines contrées, en Amérique par exemple, semble devoir donner les plus importants résultats. Aussi la question de priorité a-t-elle été l'objet d'une controverse fort animée. Dès l'origine, on a mis la France hors de cause : le débat a paru ne devoir s'établir qu'entre les Anglais et les Américains du Nord. Ceux-ci attribuent l'application à Fulton ; les Anglais produisent les écrits fort antérieurs de Jonathan Hull et de Patrick Miller. L'argument est sans réplique contre Fulton ; mais n'existe-t-il pas des ouvrages encore plus anciens que celui de Jonathan Hull, et dans lesquels les idées de ce mécanicien se trouveraient déjà consignées ? La France dit que oui, et oppose à ces deux hommes célèbres Denis Papin, né à Blois en 1647, dont l'invention (la machine à vapeur atmosphérique), ayant pour but de jeter des bombes et de ramer contre le vent, est consignée dans un recueil de 1695, c'est-à-dire 42 ans avant Jonathan Hull.

Si après avoir parlé des inventeurs des machines à vapeur nous arrivons aux ingénieurs qui, les premiers, les ont exécutées, nous trouverons que M. Périer est le premier qui, en 1775, ait construit un bateau à vapeur; que des essais sur une plus grande échelle furent faits en 1778 , à Baume-les-Dames, par M. le marquis de Jouffroy;

Qu'en 1781 , M. de Jouffroy , passant de l'expérience à l'exécution , établit réellement sur la Saône un grand bateau du même genre, qui n'avait pas moins de 46 mètres de long sur 4 ou 5 mètres de large;

Que les essais faits en Angleterre par M. Miller , lord Stanhope et M. Symington, datent les premiers de 1791 , ceux de lord Stanhope de 1795. L'expérience faite par Symington dans un canal d'Écosse doit être rapportée à 1801 ;

Qu'enfin, les tentatives de MM. Livingston et Fulton, à Paris, n'étant que de 1803 , elles pourraient d'autant moins donner des titres à l'invention, que Fulton avait eu en Angleterre une connaissance détaillée des essais de MM. Miller et Symingston, et que plusieurs de ses compatriotes , M. Fitch entre autres , s'étaient livrés sur cet objet à des expériences publiques dès l'année 1786. Disons toutefois que le premier bateau à vapeur auquel on n'ait pas renoncé après l'avoir essayé , que le premier qui ait été appliqué au transport des hommes et des marchandises est celui que Fulton construisit à New-York en 1807, et qui fit le voyage de cette ville à Albany. En Angleterre , le premier bateau à vapeur qu'on y ait vu en activité pour les besoins du commerce et des voyageurs date de 1812 seulement ; il naviguait sur la Clyde, et s'appelait *la Comète*. Le second date de 1813 ; il faisait la traversée d'Yarmouth à Norwich [1].

Ce ne fut que plusieurs années après qu'en France on employa les bateaux à vapeur.

---

[1] Notice de M. Arago sur les machines à vapeur, *Annuaire du Bur. des Longitudes pour* 1837.

L'établissement au Hâvre de ce puissant véhicule, comme moyen de transport pour les voyageurs, date de 1818. Ce n'est qu'en juin 1836 qu'on les a établis entre Rouen et Paris, pour le même service.

CHAPITRE II.

De Rouen à Elbeuf.

❁

Illustre déjà par une foule de souvenirs, la Seine, en arrosant la capitale de la Normandie, est traversée par deux ponts qui servent à la communication continuelle de l'immense population entre la ville et le faubourg Saint-Sever. Le premier de ces ponts, en fer, de forme élégante, construit sur les dessins de M. Séguin, est établi vis-à-vis de la rue Grand-Pont et de la place Saint-Sever, sur le même emplacement que l'ancien pont de pierre construit en 1147 par l'impératrice Mathilde. Le deuxième, en pierre, d'une construction hardie, se dessine à l'extrémité de l'île Lacroix, sur laquelle il est appuyé.

Nous ne nous arrêterons pas à décrire

longuement les nombreux monuments de cette ville, une des plus riches et des plus industrieuses du royaume ; cependant, avant de quitter le quai du Grand-Cours pour suivre les sinuosités du fleuve capricieux, nous jeterons un coup d'œil sur l'ensemble des monuments qui la décorent. Voyez-vous les deux tours de Notre-Dame, sur lesquelles le temps a jeté une teinte grisâtre, dominer tous les édifices groupés autour d'elles. Le 15 septembre 1822, la foudre a renversé la flèche, haute de 395 pieds, qui surmontait la tour du milieu ; depuis lors on s'occupe à la remplacer par une pyramide en fonte de fer et travaillée à jour, qui aura 40 pieds de plus en hauteur que la précédente ; déjà l'on aperçoit 7 étages de cette pyramide, formant une élévation de 100 pieds environ. Les églises de la Madeleine, de Saint-Vincent, de Saint-Maclou, et surtout la vaste et élégante basilique de Saint-Ouen, frappent vos regards ; à l'horizon s'élèvent les côtes de Canteleu, du Mont-aux-Malades, du Mont-Fortin, des Sapins, de Sainte-Catherine et de Bon-Secours. Que si vous arrivez du Hâvre, et que, selon toute probabilité, vous ayez quelques heures à donner à l'examen de la capitale de l'ancienne Neustrie, n'oubliez pas d'aller visiter le Palais-de-Justice, la voûte de la Grosse-Horloge, l'hôtel du Bourgtheroulde, l'ancienne abbaye de Saint-Amand, la crypte de Saint-Gervais, les vitraux des églises Saint-Patrice et Saint-Godard, les Halles, la place où fut brûlée la Pucelle d'Orléans le 30 mai 1431, le Jardin des Plantes, les Musées d'Antiquités, de Tableaux et d'Histoire naturelle, la Bibliothèque publique, riche en manuscrits précieux, la statue de P. Corneille, les abattoirs et la nouvelle douane encore en construction.

L'aspect de Rouen est ravissant : c'est une ville charmante, vue de loin ; quant à l'intérieur, malgré les améliorations successives qu'elle a éprouvées, nous trouvons encore les vieilles maisons en bois à étages surplombés, les rues étroites et tortueuses des villes du moyen-âge. Rouen, dans certains quartiers, est encore à peu près tel qu'il était sous ses ducs souverains.

Cependant les quais de cette grande et populeuse cité, éminemment marchande, s'embellissent ; les anciennes constructions font place à des édifices modernes de bon goût ; enfin, quand la douane sera terminée, que le quai du Mont-Riboudet et les constructions nouvellement commencées sur les quais seront achevés, le bassin de la Seine et le port de Rouen offriront un des aspects les plus majestueux qu'on puisse imaginer.

La ville de Rouen renferme dans ses murs près de 100,000 habitants ; elle est la patrie de Pierre et de Thomas Corneille, de Fontenelle, de Lémery, de Basnage, de Samuel Bochart ; des pères Berruyer, Brumoy, Daniel, Sanadon ; des peintres

Jouvenet, Restout, Letellier, Sacquepée, Colombel, Lemonnier, Géricault ; de mademoiselle Champmeslé, de madame Dubocage, de Boyeldieu, et d'un grand nombre d'autres personnages distingués.

Mais voici la cloche du *steamer* parisien qui nous annonce le départ, prenons-y place et partons. Il est cinq heures du matin, le temps est pur et frais, tout nous annonce un voyage des plus agréables. Nos premiers regards sont dirigés vers la rive opposée : là nous apercevons d'abord l'église Saint-Paul, construction nouvelle élevée sur l'emplacement d'un ancien temple païen, puis la côte blanchâtre de Sainte-Catherine, d'où l'on tire la pierre à chaux, et sur le sommet de laquelle s'élevait jadis une abbaye célèbre, que remplaça un fort redoutable, dont Henri IV se rendit maître en 1595. La maison qu'on aperçoit sur ce plateau était destinée à servir une ligne télégraphique qu'on voulait établir entre Paris et Le Hâvre. Un peu plus loin, à l'est, le paysage reproduit quelques-unes de ces grandes beautés, de ces majestueuses proportions qu'on admire vers l'embouchure de la Seine : telles sont les hauteurs de Bon-Secours, but de nombreux pélerinages ; telles sont les hauteurs de Belbeuf, couronnées de nobles plantations, au milieu desquelles se prolonge l'immense avenue dont nous voyons une extrémité du point où nous sommes. Là est la résidence de M. le marquis de Belbeuf, l'une des plus magnifiques des environs de Rouen.

Sur la rive droite du fleuve, une chaîne de collines forme d'agréables ondulations jusque vis-à-vis d'Oissel. Entre deux éminences, vous apercevez quelquefois un vallon verdoyant, occupé par quelques maisonnettes qu'ombragent des peupliers ; quelquefois, mais rarement, c'est un ravin escarpé, offrant un sol pierreux, déchiré, couleur de feu. Au pied de ces montagnes se prolongent, sur une même ligne, Eauplet, l'Escure et la Mi-Voye, avec leurs élégants pavillons, dont quelques-uns sont des châteaux en miniature; la Poterie, où est une fabrique de produits chimiques; Saint-Adrien, niché avec sa petite église dans les roches qui le dominent. Blanches d'a bord, ces roches prennent bientôt une teinte d'un vert brun, qui rend plus sensible la transition formée par les côtes du Port-Saint-Ouen et des Authieux, dont la végétation est aussi vigoureuse que la verdure en est éclatante. De ce point, vous apercevez, à votre droite, le clocher svelte, effilé, mais élégant, du bourg d'Oissel.

Avant d'arriver à cette *latitude*, nous avons dû également observer la rive gauche de la Seine (pour nous la droite). Là, jusqu'à Oissel, point de montagnes, mais de vastes prairies, à l'extrémité desquelles se groupent Sotteville, renommé pour ses crêmes, que toutes les laitières, assure-t-on, ont tenté vainement de reproduire autre part ; Quatre-Mares , hameau solitaire où le silence n'est jamais interrompu que par la voix du jeune pâtre qui rappelle son troupeau , ou les accents plus mâles du laboureur qui gourmande son attelage ; Saint-Étienne-de-Rouvray , caché d'abord derrière de grands massifs d'arbres , mais qui se démasque bientôt dans toute sa *longueur*. Derrière ce village est l'épaisse forêt qui lui a donné son nom , et où les ducs de Normandie avaient coutume de venir chasser. Vient ensuite le hameau de La Chapelle , puis le grand bourg d'Oissel.

Ici , la scène change de face. Les coteaux de la rive droite font place aux vallées ; les vallées de la rive gauche font place aux coteaux.

Depuis Rouen jusqu'à Oissel , la Seine est parsemée d'une infinité de petites îles plantées de saules et de peupliers, qui contribuent admirablement au charme du

paysage ; mais quand vous avez dépassé
l'île Saint-Martin, qui touche presque au
rivage du bourg, vous vous trouvez tout-àcoup, et comme par enchantement, engagés
au milieu de trois ou quatre autres îles délicieusement disposées. Assurément le bateau
à vapeur court trop vite en cet endroit.

A peine avez-vous dépassé la rive d'Oissel, les riants jardins qui la bordent, le
château majestueux situé à l'extrémité su-
périeure d'un amphithéâtre formé par plusieurs terrasses, un tableau tout différent
va frapper vos regards. Semblable à une
sentinelle avancée, un gros quartier de rocher, séparé de la côte dont sans doute il
faisait autrefois partie, se dresse comme une
tour, et annonce les *roches d'Orival*; elles
règnent sur un espace d'environ une lieue.
Leurs faces grisâtres, blafardes, ou noir-
cies par le temps ; la végétation douteuse
qui couvre leurs flancs arides ; les affaisse-
ments et renflements alternatifs de ces côtes,

qui les font ressembler à un long cimetière où sont alignés des sépulcres de géants : tout inspire, au premier abord, je ne sais quel sentiment de tristesse et d'effroi qu'il est impossible de rendre, qu'il est d'ailleurs impossible d'éviter. Au pied de ces montagnes menaçantes, s'élèvent çà et là de frêles maisonnettes. Que la moindre partie du rocher se détache de la cime, elles vont être réduites en poussière. On y dort cependant ! Un sentier rapide conduit jusqu'à mi-côte à la petite église d'Orival. Sur un étroit plateau ombragé de noyers aux rameaux immenses, se cache la modeste chapelle des chrétiens. Dans un espace où nous verrions aujourd'hui à peine assez de place pour un salon, on a trouvé le moyen de construire une chapelle, un chœur et deux collatéraux. Le petit temple, sans doute, ne suffisait pas au nombre des fidèles ; il fallut agrandir l'*édifice* : on l'a fait... en creusant dans les entrailles du rocher. J'ai remarqué de grandes crevasses à ce terrible plafond que rien ne soutient, que rien n'empêche de s'écrouler, en écrasant tout sous son poids[1].

Nous voici à la hauteur d'Elbeuf. Après avoir laissé à notre gauche Tourville, Belle-Fosse, Bedanne, Cléon et les Fourneaux.

---

[1] Licquet, *Rouen et ses environs*, 1831, in-12.

CHAPITRE III.

Elbeuf, le Pont-de-l'Arche, Pitres, la côte des Deux-Amants.

Elbeuf, qui touche à Orival, doit être classé parmi les villes les plus importantes du département; il est situé sur la rive gauche de la Seine, au pied de plusieurs collines boisées. Deux rues principales le traversent en forme de croix. Le relevé de sa population, en 1820, a donné 9,090 habitants; aujourd'hui on en compte plus de 12,000.

La terre d'Elbeuf faisait anciennement partie de la baronnie d'*Harcourt*. En 1338, elle fut érigée en comté, puis en marquisat, puis enfin en duché–pairie, par lettres–patentes du mois de novembre 1581.

Elbeuf est aujourd'hui une ville florissante, grâce à l'industrie, à l'activité de

2.

ses habitants. Héritière des manufactures de Dieppe, de Montivilliers et d'Harfleur, elle s'est encore emparée, pour ainsi dire, d'une partie des nombreux établissements de teintureries en laine que Rouen et Louviers jusqu'alors avaient été en possession d'exploiter.

On peut, sans s'écarter beaucoup de l'exactitude, prendre pour base des quantités de laine teinte en cette ville les quantités de draps qui s'y fabriquent annuellement, c'est-à-dire 50 à 60,000 pièces.

La fabrique d'Elbeuf se trouvait déjà dans l'état le plus florissant, sous le règne de Louis XIV et le ministère de Colbert; mais la révocation de l'édit de Nantes vint suspendre le cours de sa prospérité. Beaucoup de fabricants allèrent porter leur industrie et leurs capitaux à Leyde, à Londres et à Leicester. Cette prospérité reparut entre les années 1720 et 1780. Il ne paraît pas d'ailleurs que les événements de la Révolution aient influé avantageusement sur les manufactures d'Elbeuf. Noël de la Morinière, qui avait pris à cet égard des renseignements particuliers, assure que le commerce d'Elbeuf a plutôt décliné qu'il ne s'est amélioré, à cette époque. C'est de nos jours que cette ville a montré tout ce que peuvent, réunies, l'application soutenue au travail, la sagesse des opérations, une volonté ferme de réussir. Aussi voit-elle sa population s'accroître avec rapidité, son enceinte s'agrandir, de nouvelles et vastes constructions s'élever dans son sein. Le temps n'est pas éloigné, peut-être, où Elbeuf dominera toutes les réputations manufacturières, fera taire toutes les rivalités industrielles.

Cette ville comprend deux paroisses, par conséquent deux églises : Saint-Étienne et Saint-Jean-Baptiste.

Les vitraux de Saint-Étienne sont fort beaux.

L'église Saint-Jean, située dans la rue qui conduit au port, est plus vaste, mais moins ancienne que l'autre. Parmi différents vitraux assez curieux de cette église, il faut en noter un donné par le corps des drapiers de la ville, vers 1466 : on trouve représentée, dans le couronnement de la verrière, une *force* à tondre les draps, flanquée de deux *croisées de chardons* qu'on emploie à les apprêter. Ce vitrail et celui de Saint-Étienne, qui offre des attributs de même nature, prouvent qu'on s'est trompé de beaucoup en ne faisant remonter l'origine de la fabrique d'Elbeuf qu'au ministère de Colbert : c'est qu'on a confondu l'époque de cette origine avec les réglements donnés par ce ministre, en 1667.

La ville d'Elbeuf possède, depuis 1829, un tribunal de commerce.

Vis-à-vis d'Elbeuf, on aperçoit le joli village de Saint-Aubin, destiné à prendre un grand accroissement, si l'on exécute le projet d'établir un pont suspendu entre Elbeuf et cette commune.

Après avoir vivifié la riche et commerçante ville d'Elbeuf, la Seine se multiplie pour enceindre plusieurs îles verdoyantes, passe à gauche devant Freneuse, à droite devant Caudebec-lès-Elbeuf et le petit port de Criquebeuf, et quitte à la hauteur de Sotteville-sous-le-Val le département de la Seine-Inférieure. Elle baigne le pied de l'ancienne abbaye de Bon-Port, et va ensuite gagner le Pont-de-l'Arche, dont le vieux château tout en ruines occupe un vaste emplacement sur le rivage même, et nous rappelle l'ancienne importance militaire de cette cité, dont l'empereur Charles-le-Chauve fut le fondateur et le parrain.

Le Pont-de-l'Arche, situé sur la rive gauche de la Seine (et que nous apercevons à notre droite), est peuplé d'environ 2,000 habitants. C'est là que vient expirer la réaction de la marée contre le cours du fleuve. Un pont de vingt-deux arches sert de passage à la route de Rouen, et semblerait devoir expliquer le nom de cette petite ville, qui embarrasse, dit-on, les étymologistes, malgré son apparente simplicité.

Apercevez-vous, s'élevant au milieu de ces vieilles maisons, un clocher pointu comme une aiguille? c'est celui de l'église du Pont-de-l'Arche, qui, quoique non terminée, serait tout-à-fait intéressante à visiter, s'il nous était permis d'y faire une courte station. Plusieurs vitraux très-curieux s'y font encore remarquer : nous citerons particulièrement celui de l'aile méridionale, représentant la multiplication des pains et des poissons ; les panneaux inférieurs de cette vitre, malheureusement mutilés en quelques places, sont occupés par un sujet assez intéressant, qui rappelle un usage local. On y voit les habitants du Pont-de-l'Arche, revêtus des costumes à la mode sous Charles IX et Henri III, s'employant, hommes et femmes, à faciliter le passage de la *mai-tresse arche* à un grand bateau chargé, re-montant la Seine. Cette scène tumultueuse occupe tout le bord de la rivière, traversée par les vingt-deux arcades de l'antique pont de Charles-le-Chauve ; et ce n'est plus que sur ce verre fragile [1] que domine encore la formidable citadelle de la pauvre petite ville, à laquelle il ne reste de ses tours belli-queuses et de sa gloire évanouie que de ché-tives ruines et l'honorable souvenir d'avoir la première en France ouvert son cœur et ses portes à Henri IV [2].

On est obligé de rester quelques minutes devant le Pont-de-l'Arche, pour franchir la Seine entre deux écluses construites sous Napoléon, destinées à faciliter la navigation du fleuve. Les travaux pour ce canal de passe, commencés en 1805 et terminés

---

[1] E.-H. Langlois, *Essai sur la peinture sur verre ancienne et moderne;* Rouen, 1832, in-8, fig.

[2] Le mardi 8 août 1589.

en 1811, ont été dirigés successivement par les ingénieurs Feral, de Blanvillain et d'Hostel, sous l'inspection de M. de Lescaille, ingénieur en chef du département.

Voilà douze lieues de faites ; à peine le fleuve s'est-il éloigné de ces lieux, que l'Eure vient apporter à cette même rive le tribut de ses eaux. C'est tout près de Damps, et vis-à-vis du village du Manoir, que cette rivière vient se jeter dans la Seine. Nous passons, quelques instants après, devant Pîtres, lieu célèbre dans l'histoire. Charles-le-Chauve y tint un parlement, au mois de juin 862, où se trouvaient réunis les hommes les plus remarquables de ce siècle : parmi ceux-ci on comptait Hincmar, archevêque de Reims, Érigène, plus connu sous le nom de Jean Scott, les deux Venillon, dont l'un était archevêque de Rouen et l'autre évêque de Sens, Isaac, évêque de Langres, Fréculphe, etc., etc. Ce prince fit construire à Pîtres une forteresse pour arrêter les courses des Normands. Sur la rive opposée, sont le village et le canal de Poses. En remontant encore un peu vers Paris, but de notre voyage, nous voyons ce fleuve recevoir un accroissement nouveau, quoique assez faible, à la richesse de son cours. La petite rivière d'Andelle, débouchant par un vallon charmant, après avoir vivifié Charléval, Fleury, Fontaine-Guérard, Douville, Romilly, Pont-Saint-Pierre, semble, par ses nombreux détours, vouloir retarder le moment où elle se rend tributaire, et vient enfin se confondre avec le fleuve, au pied même de la côte des Deux-Amants.

Au pied de ce vallon, du haut d'une montagne
Dont l'immense sommet s'étend sur la campagne,
Tombe un chemin rapide, et qui, de toutes parts,
Du voyageur pensif court saisir les regards.
Ce mont, qu'avec surprise au loin chacun admire,
Vit changer les États, tomber plus d'un empire;
Mais il garda sa gloire, et sans cesse les ans
Rajeunissent pour lui la côte des Amants.

(DUCIS.)

3

Arrêtons-nous ici un instant, pour emprunter à un poëte du treizième siècle, à la célèbre Marie de France, le récit de la romanesque et touchante aventure qui a donné le nom à ce coteau, et qu'un savant antiquaire [1] a mis à la portée de tous les lecteurs, en reproduisant ainsi, avec sa naïve simplicité, le lai du barde français :

« Jadis dans la Normandie il arriva une aventure bien connue de deux jeunes gens qui s'aimaient d'amour tendre, et qui moururent des suites de leur passion. Les Bretons en ont fait un lai, nommé le lai des Deux Amants.

« Dans la Neustrie, que nous appelons aujourd'hui la Normandie, est une grande et haute montagne où sont déposés les restes de ces tendres victimes. Près de cette montagne le roi des Pistréiens fit élever la capi-

---

[1] M. de Roquefort.

tale de ses états, et lui donna le nom de Pîtres. Cette ville existe encore de nos jours ; on y remarque le château , des maisons particulières, et la contrée est nommée la Vallée de Pîtres.

« Le roi avait une très-belle fille dont l'heureux caractère et les qualités aimables l'avaient consolé de la perte d'une épouse chérie. Sa fille croissait en âge comme en beauté ; les gens de sa maison et ses sujets murmuraient de ce qu'il ne songeait pas à la marier. Le roi fut instruit des plaintes de son peuple ; et malgré le chagrin qu'il ressentait de se séparer d'une personne aussi chère, pour ne mécontenter aucun des nombreux prétendants à la main de sa fille, il fit proclamer dans ses états que celui qui, sans se reposer, porterait la princesse sur le sommet de la montagne deviendrait son gendre. Dès que cette nouvelle fut répandue, il se rendit de tous côtés une foule de jeunes gens qui essayèrent en vain de remplir la condition imposée, mais inutilement. Les uns allaient au quart du chemin, les autres à la moitié; enfin, rebutés de l'inutilité de la tentative, ils retournèrent tous chez eux : en sorte que la difficulté de l'entreprise fut cause que personne ne demanda la belle demoiselle.

« Dans le pays était un jeune homme, fils d'un comte, beau, bien fait et vaillant; il résolut de tenter l'aventure et d'obtenir la main de la fille du prince. Ses biens étant situés dans le voisinage de la Vallée de Pî- tres, il venait souvent à la cour du roi, y séjournait même; ayant vu la jeune per- sonne, il ne tarda pas à l'aimer et à devenir éperdument amoureux. Il pria souvent cette belle de vouloir bien répondre à ses sentiments. L'amitié que portait le roi au jeune comte, sa valeur, sa courtoisie, dé- cidèrent la demoiselle en sa faveur. Tous deux renfermaient avec soin leur amour, et le dérobaient à tous les yeux. Leur souffrance s'accroissait chaque jour, lorsque le comte, envisageant l'excès de ses maux, ne voulant rien hâter pour ne pas se perdre, vint trouver sa belle et lui dit : « Si vous m'aimez, tendre amie, suivez mes pas, allons dans une autre contrée ; si je vous demande à votre père, connaissant l'amitié qu'il a pour vous, j'obtiendrai un refus, ou bien il exigera que je vous porte au sommet du mont.—Cher amant, je n'ignore pas que vous n'aurez jamais assez de force pour me porter à l'endroit désigné. Mais, si je vous accompagne dans votre fuite, pensez, je vous prie, au chagrin et au désespoir de mon père, qui en mourrait de chagrin. Certes, je l'aime trop pour vouloir empoisonner ses dernières années. Cherchez un autre moyen, celui-ci ne peut me convenir.

« Écoutez, j'ai une parente fort riche à Salerne. Pendant plus de trente ans qu'elle a demeuré dans cette ville, elle a étudié et pratiqué la médecine, science dans laquelle

3.

elle est fort habile. Elle connaît à fond les vertus et les propriétés des herbes et des racines ; vous vous rendrez près d'elle avec mes lettres ; vous lui expliquerez le sujet de votre voyage. Ma tante vous fournira des conseils et des remèdes. Elle vous donnera des potions et des liqueurs qui, en réconfortant, doubleront vos forces et votre courage. Sitôt que vous serez de retour, vous me demanderez à mon père ; je sais qu'il ne manquera pas de vous répéter les conditions qu'il a mises pour m'obtenir, et qui sont de me porter sur le haut de la montagne sans se reposer. »

« Le comte, enchanté du conseil, remercie sa belle et prend congé d'elle pour le mettre à exécution. Il retourne dans ses états, fait ses préparatifs et part. Il emmène avec lui une grande suite, composée de plusieurs de ses amis ; puis des chevaux de luxe et des bagages. Sitôt son arrivée à Salerne, il se rend chez la tante de son amie, et lui remet les lettres de sa nièce. Après les avoir lues et s'être enquise de l'objet de son voyage, la vieille fait prendre au jeune homme des remèdes réconfortants ; et avant son départ, elle lui remet une liqueur qui dissipe la fatigue à l'instant qu'on l'a prise, et qui rafraîchit le corps, les veines, les os. Dès qu'il a reçu ce précieux breuvage, le comte tout joyeux se remet en route, arrive chez lui, et ne tarde pas à se rendre auprès du roi pour lui faire la demande de sa fille, et lui offrir de la porter à l'endroit convenu. Le roi le reçut fort bien ; mais il pensa que le comte faisait une folie ; qu'il était beaucoup trop jeune, qu'il échouerait sans doute dans une entreprise où tant de forts et vaillants hommes n'avaient pas réussi. Le jour est pris où notre amoureux doit tenter l'aventure ; chacune des deux parties invite ses amis et ses hommes à venir en voir l'issue. La curiosité en avait amené de tous les côtés. La jeune personne s'était soumise à un jeûne sévère, pour alléger son amant. Enfin, au jour convenu, le comte arrive le premier au rendez-vous, et ne manqua pas d'apporter avec lui la précieuse liqueur. La foule était rassemblée dans la prairie devant la Seine. Le roi vient suivi de sa fille, qui n'avait qu'une seule chemise pour vêtement. Le comte la prend aussitôt entre ses bras, et lui remet le vase qui contenait la liqueur, dont il croit pouvoir se passer. Il avait d'autant plus de tort qu'il monta avec rapidité la moitié de la montagne. La joie qu'il ressentait lui avait fait oublier le remède dont il devait faire usage. La demoiselle, observant que son amant faiblissait et ralentissait le pas, lui dit : « Mon ami, vous êtes las ; buvez, je vous prie : le breuvage vous rendra tout votre courage.—Non, ma belle, je me sens encore plein de vigueur, et pour toute chose au monde, je ne m'arrêterais pas. En buvant je serais forcé de ralentir ma marche. Tout ce peuple se mettrait à crier, à m'étourdir de ses huées ; ces cris me troubleraient, et je ne pourrais peut-être pas continuer ma route. » En arrivant aux deux tiers de la course, le comte faiblissait encore davantage ; la jeune fille le prie à plusieurs reprises d'avaler la liqueur. Il ne veut rien en faire, il s'anime en voyant le but de la carrière ; mais il y touchait lorsqu'il tomba épuisé de fatigue. La demoiselle, pensant que son amant se trouvait mal, se mit à genoux pour lui faire prendre la liqueur qui devait lui rendre les forces. Il était trop tard : le malheureux avait rendu le dernier soupir. Elle pousse un cri, répand des larmes, et jette loin d'elle la bouteille qui contenait le remède. Depuis ce temps les herbes qui en ont été arrosées sont devenues célèbres par les guérisons qu'elles ont faites.

« La princesse au désespoir se jette sur le corps de son ami, elle le serre dans ses bras, lui baise les yeux et la bouche; enfin la douleur la fait tomber à côté de son amant.

« Ainsi mourut une jeune demoiselle qui tout à la fois était vertueuse, belle et bonne. Le roi et toute l'assemblée, ne voyant point reparaître les deux amants, prennent le parti de gravir la montagne. Témoin de cet horrible spectacle, le roi perd l'usage de ses sens, et ne les recouvre que pour plaindre son malheureux sort, exhaler son chagrin, qui fut partagé par tout le peuple.

« Trois jours après l'événement on fit construire un cercueil de marbre, où furent renfermés les corps des jeunes gens. D'après les conseils de plusieurs personnes, ils furent déposés sur le haut de la montagne. Le peuple ne se sépara qu'après cette triste cérémonie. Depuis cette malheureuse aventure, le lieu où elle se passa fut nommé le mont des Deux-Amants. Ainsi que j'en ai prévenu, les Bretons ont fait un lai de cette histoire. »

Mais laissons ces lieux tout pleins de tristes souvenirs d'amour. Remontons toujours le cours du fleuve. A gauche, nous passons devant Amfreville, Senneville, Connelles, Herqueville, Andé, Muids, La Roquette, Le Thuit. A droite, nous laissons dans l'éloignement l'antique église de Léry, et nous passons devant Tournedos, Porte-Joye, Saint-Pierre-du-Vauvray, Vironvay, Heudebouville, Venable, Bernières. Quelques instants après, nous apercevons, agréablement encadré par un riche paysage, le Petit-Andely, jadis le théâtre des exploits de Richard-Cœur-de-Lion et de Philippe-Auguste.

CHAPITRE IV.

Les Andelys et le château Gaillard.

La ville des Andelys est divisée en deux parties : le Petit-Andely, placé sur le bord de la Seine, au confluent du Gambon, et le Grand-Andely, qui communiquent ensemble par une chaussée d'un quart de lieue. C'est la patrie du célèbre peintre Nicolas Poussin, du docte Adrien Turnèbe, de Blanchard l'aéronaute, de l'ingénieur Brunel, dont le tunnel sous la Tamise est une des plus gigantesques entreprises du xixe siècle. L'église de cette ville, d'une architecture remarquable, a été reproduite avec bonheur par plusieurs de nos peintres modernes.

Mais voici la roche, but de pélerinage des artistes, des antiquaires et des historiens, voici le château Gaillard. Salut à *cette noble fille d'un an* du valeureux Cœur-de-

Lion ! Salut à ces créneaux démantelés, à ces vieilles tours en ruines ! salut à ces roches majestueuses, d'où le voyageur mélancolique pourra méditer tout ensemble sur les querelles des rois, la fragilité de nos monuments et l'impérissable durée de ceux qu'éleva la nature !

Andely ne pourra être fortifié. Tel est l'article 18 du traité passé entre Philippe-Auguste et Richard-Cœur-de-Lion, au mois de janvier 1196 ; article clair, précis, sur le sens duquel il était impossible de se méprendre. Peu d'années après, néanmoins, Richard fit construire, dans une île de la Seine, auprès du bourg d'Andely, une forteresse redoutable ; puis, sur la rive droite du fleuve, une jolie ville dans un lieu très-fortifié. Des tours en pierres et en bois furent distribuées à l'entrée et autour de la ville. Tout près de là s'élevait une roche immense sur laquelle Richard fit construire une citadelle, qu'il environna de hautes murailles et de fossés profonds taillés dans le roc vif. Ces fossés étaient eux-mêmes défendus par des tours et des murs, que protégeait encore une troisième ligne de défense. Il nomma cette forteresse *Gaillard*, expression, dit *Guillaume-le-Breton*, qui en français rappelle l'idée de *pétulance*.

Richard-Cœur-de-Lion étant mort, Jean-sans-Terre lui succéda, en violation des droits de son neveu Arthur, qu'il assassina dans la tour de Rouen. Ce fut pour punir, ou du moins sous le prétexte de punir le meurtrier, que Philippe-Auguste entreprit la conquête de la Normandie, assiégea les places fortes qui en défendaient l'entrée, notamment le *château Gaillard*.

Le roi de France s'empara d'abord, non sans peine, du fort construit dans l'île, et mit sans délai le siége devant la citadelle de la roche. Cet événement appartient à l'an 1203.

Jugeant le lieu inexpugnable, Philippe

résolut d'enfermer la garnison, et de la réduire par la famine. Il fit creuser un double rang de fossés, de 200 pieds de largeur, et fortifier les vallées naturelles qui entouraient le château. Par ce moyen, toute sortie fut interdite aux assiégés. Les vivres commencèrent bientôt à leur manquer. Roger de Lascy, gouverneur du fort pour le roi Jean, renvoya à plusieurs reprises un grand nombre de bouches inutiles. Philippe laissa d'abord passer ces malheureux, mais ordonna, pour l'avenir, de repousser ceux qui se présenteraient. La disette de vivres se faisant sentir chaque jour davantage, Roger expulsa encore des vieillards, des femmes et des enfants, au nombre de plus de quatre cents. L'armée française les reçut à coups de traits; ils voulurent rentrer au château, l'accès leur en fut impitoyablement refusé. Ils traînèrent pendant trois mois une vie misérable dans les fossés, n'ayant pour toute nourriture que de l'herbe et de l'eau. Tel était le désespoir où la faim avait réduit ces infortunés, qu'une femme étant accouchée parmi eux, ils dévorèrent aussitôt son enfant ! Philippe, touché de compassion, sauva ceux qui vivaient encore.

Cependant la garnison tenait ferme ; les fossés n'étaient encore remplis qu'à moitié. Les Français placèrent des échelles, par lesquelles ils descendirent en se couvrant de leurs boucliers. Ils dressèrent ensuite leurs échelles de l'autre côté du fossé, et montèrent jusqu'au pied d'une grande tour placée dans l'angle de deux murailles. Aussitôt, et à l'abri de leurs boucliers, ils se mirent à saper les fondations de cette tour. Ils eurent bientôt pratiqué une ouverture où il leur fut possible de se loger. Creusant ensuite le mur à droite et à gauche, ils le soutinrent avec des étais de bois, auxquels ils mirent le feu en se retirant. La tour, perdant ce dernier appui, s'écroula tout-àcoup, combla le fossé, et livra ainsi le premier retranchement aux Français, qui s'emparèrent ensuite du second, et enfin de la citadelle même, comme on va le voir.

Le roi Jean avait construit une chapelle très-élevée, hors des murs ; elle avait une fenêtre du côté de l'orient. Pierre de Bogis, suivi de quelques hommes déterminés, parvint à cette fenêtre en montant sur les épaules de ses compagnons. Entré dans la chapelle, il tendit à ceux-ci une corde qui leur tint lieu d'échelle. Informés de l'événement, les assiégés mirent le feu aux retranchements voisins, et se retirèrent dans le donjon ; mais ils avaient ainsi frayé un chemin aux mineurs français, qui sapèrent la dernière muraille, la firent tomber, et se précipitèrent dans le fort, que Philippe, aussitôt après, répara de tous points.

Cent dix ans après cet événement, le château Gaillard reçut Marguerite, épouse de Louis X, et Blanche, épouse de Charles-le-Bel, toutes deux accusées et déclarées coupables d'adultère. La première y fut étranglée par ordre de son mari ; la seconde alla finir ses jours dans l'abbaye de Maubuisson. Philippe et Gautier d'Aulnoy, leurs complices, subirent un supplice épouvantable, dont je ne pourrais même pas consigner ici tous les détails.

David Bruce, roi d'Écosse, habita le château Gaillard, quand il vint chercher un asile en France, en 1334.

En 1356, Charles-le-Mauvais, roi de Navarre, y fut enfermé par ordre du roi Jean.

En 1409, cette forteresse retourna aux Anglais avec toute la Normandie, jusqu'au moment où la Normandie redevint française, en 1449.

La démolition de ce château fut résolue en 1603, par Henri IV, qui donna une partie des démolitions aux Pénitents d'Andely ; sept ans plus tard, ces religieux ob

tinrent de Louis XIII de nouveaux maté-
riaux provenant de cette démolition.

Tout mutilé qu'il est, le château Gaillard offre un attrait puissant, et par les
traditions qu'il rappelle, et par les débris
qui en restent. A la vue de cette citadelle
démantelée, dont les ruines couronnent
encore majestueusement la montagne; de
ce précipice épouvantable formé par l'es-
carpement de la roche du côté de la Seine;
de ces fossés larges et profonds toujours
subsistants; au souvenir de ces tours éle-
vées, de ces murailles épaisses qui en défendaient autrefois les approches, on ne
sait ce qu'il faut le plus admirer, de l'im-
mensité de ces fortifications, de l'audace
des Français à les assaillir, ou de leur valeur à en triompher [1].

---

[1] Licquet, *Rouen, son histoire et ses monuments,
etc., suivi de notices sur Dieppe, Arques et le château Gaillard*; Rouen, 1836, in-18.

Le vaste bâtiment qui s'élève à l'autre extrémité du Petit-Andely est un hospice fondé par le dernier duc de Penthièvre, mort le 4 mars 1793.

Quel contraste entre le héros du Château-Gaillard et le vertueux fondateur de l'établissement de charité ! l'un a laissé un nom à jamais fameux, mais sa renommée fut achetée du sang de ses semblables ; l'autre, plus obscur, leur a fait du bien ; son nom, cher à la vertu et au malheur, ne fut jamais prononcé qu'avec attendrissement ; puisse-t-il passer à la postérité accompagné des bénédictions des hommes [1] !

---

[1] Deville, *Histoire du château Gaillard* ; Rouen, 1829, grand in-4°, fig.

CHAPITRE V.

Des Andelys à Mantes.

(Gaillon, Vernon, La Rocheguyon, Rolleboise, Rosny, Mantes.)

En quittant les Andelys et laissant derrière nous le Château-Gaillard, nous passons à droite devant Toeny, jadis habité par Bertrade de Montfort, femme du puissant et peu aimable comte Foulques, qui eut la faiblesse de préférer à l'amour de son très-honoré seigneur et maître, surnommé le Rechin, les assiduités toutes chevaleresques du roi de France, Philippe Ier, qui l'enleva et l'épousa, malgré les foudres d'Urbain II. Nous distinguons ensuite, à gauche, les villages de Vezillon, Bouafles, Courcelles et Port-Mort, qui nous retrace encore un épisode de l'histoire d'un de nos rois : ce fut là que Louis VIII, père de saint Louis, épousa Blanche de Castille. Avant d'arriver à ce dernier village, on aperçoit à droite, sur la hauteur, Gaillon, dont le château, autrefois la riche demeure des archevêques de Rouen, est aujourd'hui converti en maison centrale de correction. Nous laissons à droite, vis-à-vis Port-Mort, le village de Saint-Pierre, et un peu plus loin, sur la même rive, celui de Saint-Pierre-d'Autils. Cette jolie maison de campagne que nous apercevons ensuite sur la gauche, et qu'on appelle dans le village de Pressagny le château de la Madeleine, est la propriété de l'aimable auteur de *l'École des Vieillards*, que tous les Normands sont fiers de nommer leur compatriote.

Vernon, qui se présente maintenant à nos regards, est une petite ville fort agréablement située, dont la population peut être de 5,000 âmes. Aucun de ses édifices n'est digne d'être cité, si ce n'est pourtant une assez belle église paroissiale de style gothique, et l'hospice fondé par saint Louis.

De ses anciennes fortifications, Vernon ne possède plus maintenant qu'une grosse tour où sont conservées ses archives. Le château de Bizy, dont la belle avenue sert de promenade aux habitants de la ville, mérite également un instant d'attention. Bâti par le maréchal de Belle-Isle, il appartint après lui au comte d'Eu, ensuite au duc de Penthièvre; détruit pendant la révolution, il a été remplacé par une maison de plaisance, occupée pendant la restauration par le général Suir, qui s'empressa de la céder à la fille du duc de Penthièvre, la duchesse d'Orléans. Ce château est aujourd'hui la propriété du roi Louis-Philippe.

Il y a 700 ans environ, vous n'auriez pas osé prendre un bateau pour aller de Rouen à Paris. La Seine, remplie d'écueils redoutables, en présentait, surtout à la hauteur de Vernon, qu'il était difficile d'éviter; il y avait de fréquents naufrages. N'ayez aucune crainte maintenant ; grâce à la puissante intervention du grand saint Adjuteur, patron de Vernon, protecteur de ces rivages, vous pouvez voguer en toute sûreté ; c'est ce que nous raconte ainsi un poète du xviie siècle.

> Un gouffre en la Seine voisine
> Par ses flots tortueux ruine
> Et les hommes et les bateaux,
> Les coulant au fond de ses eaux ;
> Mais *Adjuteur* longtemps ne souffre
> L'incommodité de ce gouffre :
> Se sentant touché de douleur,
> Hugues, son prélat, il appelle ;
> Ils y vont en même nacelle
> Pour mettre fin à ce malheur.
>
> Sur ces eaux ce prélat insigne
> Fait de la croix le sacré signe ;
> *Adjuteur*, tout incontinent,
> Pour chasser ce mal éminent,
> Jette en ces ondes inhumaines
> Une portion de ses chaînes :
> Puis, élevant au ciel ses mains,
> Sa Madeleine il importune

De faire cesser l'infortune,
Et calmer ces flots inhumains.

Oyez, Lecteur, une merveille
Qui rarement a sa pareille :
Le péril dès l'heure a cessé,
Le bruit des flots s'est apaisé.
Il n'est point de fleuve où l'on voie
La course de l'onde plus coie ;
Le nocher peut mener sa nef
Assurément par cette place
Dans une tranquille bonace
Sans redouter aucun méchef.

Goutteux, pour qui tous les remèdes ont été impuissants, recommandez-vous à saint Lubin, évêque de Chartres, en passant devant Vernonnet, faubourg de Vernon, et situé sur la rive opposée ; vous ressentirez indubitablement les effets de son intercession.

Après avoir baigné le pied de Vernon, de cette ville à laquelle, dans ces derniers temps, le spirituel Picard a donné, par sa jolie comédie de *la Petite Ville*, une façon de célébrité, la Seine reçoit l'Epte, qui se précipite dans ses bras par une double embouchure, et dont le nom nous rappelle le fameux traité passé entre Charles-le-Simple et Rollon, qui promettait alors de faire en hâte redescendre la Seine à ses hommes du Nord, mais auquel on donnait, à cette condition, outre de grosses sommes d'argent, la belle Giselle, fille de Charles-le-Simple, et aussi une partie de la riche Neustrie, qui, ainsi que la jeune vierge, allait alors changer de nom. Nous laissons ensuite à gauche Giverny, Limetz, Benno-court, et à droite Moussel, Port-de-Ville, Jeufosse, Bonnières, Freneuse; puis nous apercevons les ruines de l'antique château de La Rocheguyon, construit à trois ou quatre époques différentes, dont la plus an-cienne remonte, dit-on, à la première in-vasion des Normands. Le joli bourg qui porte le même nom est bâti en forme de croissant, et appuyé sur les bords de la Seine. La chapelle, pratiquée dans le roc à une très-grande élévation, domine toute la contrée, et communique avec le château par un long escalier creusé dans la montagne. Le parc, extrêmement ombragé, occupe, à côté du château, tout le talus de cette montagne, depuis le pied jusqu'au sommet, où conduisent divers sentiers qui, montant en zigzag, arrivent aux ruines du château primitif. Il fut pris en 1418 par les Anglais, qui en restèrent les maîtres pendant l'espace de trente-un ans, au bout desquels ils en furent chassés par Guy VII, seigneur de La Roche.

Après avoir quitté ce bourg, le fleuve revient presque aussitôt sur lui-même, en suivant une ligne tout-à-fait parallèle à celle qu'il vient de parcourir de Bennocourt à La Rocheguyon ; nous arrivons à Rolleboise, où l'on prenait autrefois la galiote, qui vous conduisait jusqu'à Poissy.

On voit à Rolleboise une vieille tour, reste d'un vaste château-fort que défendirent un jour 30,000 Anglais et Navarrois réunis, tous vieux soldats, commandés par un capitaine habile, Wantaire Austrade, au service de Charles-le-Mauvais. 10,000 Rouennais, gens de cœur et de bonne volonté, ayant à leur tête Jacques de Lieur, les tenaient en échec depuis quelque temps ; le siége traînait en longueur. Duguesclin, alors en Normandie, vint joindre sa petite armée à celle des Rouennais, et la présence d'un tel chef électrisa si puissamment les assiégeants, que la place fut promptement emportée. Duguesclin, quel soldat ! fier et noble fils de la noble Bretagne, quand il fut captif, les lampes s'allumèrent dans les cabanes, comme dans les salons sculptés des châteaux, et par tout le pays qui s'enorgueillissait d'un si noble enfant, le même refrain anima les veilles que l'on employait à gagner sa rançon.

> Filez, femmes de la Bretagne !
> Filez vos quenouilles de lin,
> Pour rendre à la France, à l'Espagne
> Messire Bertrand Duguesclin.

A propos du connétable breton, rappelons ici que ce ne fut pas très-loin de ces lieux (sur les bords de l'Eure, entre Évreux et Vernon) que se livra, le 17 mars 1364, la célèbre bataille de Cocherel, où Duguesclin mit dans une déroute complète l'armée de Charles-le-Mauvais.

De Rolleboise à Rosny la distance est bientôt franchie. Voici Rosny, ancienne demeure du vertueux Sully, qui y naquit en 1559, de cet ami dévoué de Henri IV, qui abattait généreusement ses bois pour subvenir aux frais de la guerre que soutenait le roi, et le gourmandait si fort lorsque plus tard, ministre des finances, il voyait sortir des coffres de la surintendance tant d'énormes sommes employées à satisfaire ses royales amours.

5.

Le château de Rosny appartient aujour-
d'hui à madame la duchesse de Berry, dont
il a été longtemps l'habitation favorite. Un
hôpital fondé par cette princesse, en 1820,
y est situé tout près de la chapelle, où est
déposé le cœur de son époux. Ce château
renfermait une belle bibliothèque, qui vient
d'être vendue tout récemment à de folles
enchères.

A peine avons-nous quitté Rosny, que la
gracieuse ville de Mantes vient frapper nos
regards, fière de sa ceinture de maisons
toutes blanches, de sa coquette position sur
le fleuve, et de son surnom, la Jolie. Mantes
nous présente aussi quelques souvenirs historiques. Sa fondation remonte, dit-on,
au temps des Druides, et pour preuve de
cette assertion, elle nous montre ses ar-
moiries, le gui de chêne, auquel Charles VII ajouta la moitié de ses armes,
composées d'une seule fleur de lis.

Ce fut à Mantes que notre duc conqué-

rant, le vainqueur d'Hastings, reçut la bles-
sure des suites de laquelle il mourut à Rouen,
en 1087.

On sait que le roi de France Philippe Ier,
ayant appris l'embonpoint extraordinaire
dont le duc de Normandie était incom-
modé, dit en plaisantant : « Quand donc ce
gros homme accouchera-t-il ? » et que Guillaume, à qui on rapporta cette plaisanterie,
dit en colère : « Quand j'aurai accouché, je
ferai mes relevailles à Notre-Dame de Paris,
avec dix mille lances en guise de cierges. »
Au mois de juillet donc, Guillaume, comme
préliminaires de sa vengeance, envoya As-
selin Goët avec des troupes, détruire les
moissons et arracher les vignes des Mantais ; puis le lendemain, pendant que les
bourgeois allaient voir le dommage causé
par les Normands, il arriva lui-même, à
l'improviste, avec ses gens d'armes, et se
précipita avec les Mantais, pêle-mêle, dans
leur ville. Il brûla impitoyablement le châ-

teau, les églises et les maisons; beaucoup d'habitants périrent dans les flammes. Mais en conduisant son cheval à travers les décombres, il reçut un choc du pommeau de la selle, qui lui fut fatal [1]. Au lieu d'aller *faire ses relevailles* à Notre-Dame de Paris, il vint finir, au prieuré de Saint-Gervais, à Rouen, sa vie déjà riche d'assez hauts faits.

Depuis cet événement, le château a été longtemps habité par des rois de France; Philippe-Auguste, Henri IV, Louis XIII et Louis XIV y ont séjourné tour à tour. En 1360, la ville fut prise par Charles-le-Mauvais, roi de Navarre et comte d'Évreux; en 1364, elle fut reprise par les Français commandés par Duguesclin.

Quant à ses titres de gloire présente, Mantes nous cite sa cathédrale, bâtie par les ordres de Blanche de Castille et de saint

---

[1] Depping, *Histoire de Normandie*; Rouen, 1835, 2 vol. in-8°.

Louis, son fils ; sa bibliothèque publique, riche de trois à quatre mille volumes ; ses bons hôtels, où s'arrêtent les diligences de Paris, et son commerce assez important en cuirs, vins et blés. Mantes communique avec le bourg de Limay, situé sur l'autre rive, par un beau pont, construit par l'ingénieur Perronnet. Ce pont en forme, pour ainsi dire, deux, étant établi sur une île.

CHAPITRE VI.

De Mantes à Maisons-Laffitte.

(Meulan, Belle-Ile, Triel, Poïssy.)

❀

Nous disons adieu à Mantes pour continuer notre navigation à travers une suite
d'îles verdoyantes et parées. A gauche,
jusqu'à Meulan, nous voyons Porcherville,
Issou, Garjenville, Juzier, Mezy, et à droite,
Mézières, Épone. Nous voici arrivés à Meulan, bâti en amphithéâtre sur la rive droite
du fleuve, et conséquemment nous appa-
raissant à gauche, à nous qui remontons
la Seine. Peu de villes présentent une histoire aussi orageuse et aussi intéressante à la
fois. Meulan a soutenu plusieurs siéges :
1° sous Charles-le-Chauve, en 842 ; 2° sous
Louis-le-Bègue, en 878 ; 3° sous Louis-le-
Gros, en 1110 ; 4° sous Philippe-Auguste,

en 1203. Elle fut prise par escalade, en 1357, par la faction du roi de Navarre, Charles-le-Mauvais, à la suite d'un siége opiniâtre. En 1364, pendant la captivité du roi Jean et la régence de Charles V, son fils, elle fut assiégée par le brave Bertrand Duguesclin. La ville et les ponts étaient rendus ; mais la forteresse, munie d'hommes et de provisions, annonçait la résolution de tenir longtemps encore ; le gouverneur avait refusé de se rendre sur sommation. « Je vous signifie et commande, lui dit alors Duguesclin, de par notre régent de France, que vous nous rendiez la tour, ou par la foi que je dois à Dieu, je d'ici ne partirai, si l'aurai prise avant. » Et le gouverneur lui répondit : « Sire, je crois qu'avant que vous puissiez entrer en cette tour, il vous faudra apprendre à voler haut. » On était sur le point de lever le siége ; mais Duguesclin, piqué de la réponse ironique des assiégés, ne voulut pas l'abandonner. Il fit alors miner la tour, qui, manquant sous ses fondements, s'écroula avec grand fracas. La garnison se rendit aussitôt à Duguesclin, qui l'envoya prisonnière à Paris.

Les Anglais, maîtres de Mantes, vinrent, mais inutilement, attaquer Meulan en 1418. Ils s'en emparèrent en 1423, après un siége de trois mois et demi. En 1435 elle rentra sous la domination française. Meulan a de nouveau joué un rôle historique assez important pendant les guerres de la Ligue. Henri IV témoigna beaucoup de reconnaissance aux habitants de Meulan qui lui étaient demeurés fidèles, et qui l'avaient servi de leurs personnes et de leurs biens; il leur accorda des récompenses et des priviléges. Ils prirent la devise : *très-fidèle au roi et à la nation*, qui a toujours figuré depuis sur leurs enseignes.

C'est en face de Meulan qu'est Belle-Ile, demeure de l'abbé Bignon, bibliothécaire de Louis XV, que le savant académicien prit soin d'embellir au siècle dernier par des constructions importantes et de magnifiques plantations ; il en avait fait une île enchantée ; Louis XV lui-même ne dédaignait pas de venir l'y visiter. Un jour, égaré à la chasse, il se présenta seul au batelier, pour passer à Belle-Ile. « L'abbé y est-il ? dit le roi. — L'abbé, répond le batelier, il est bien assez Monsieur pour vous, apparemment. » Louis XV rit de la leçon, et la raconta lui-même.

En remontant toujours le cours du fleuve, nous passons devant Vaux, village peuplé de 1,000 à 1,200 âmes, et paraissant délicieusement encadré par les collines qui le dominent ; devant Triel, bâti aussi sur le penchant d'un ravissant coteau, et entouré de bosquets et de vignobles. Triel nous signale aussi un tout autre genre de richesses : un tableau original du Poussin, représentant l'adoration des bergers, se fait remarquer dans l'intérieur de l'église. Le pape l'avait donné à la reine Christine, pendant son séjour à Rome, après son abdication. Après la mort de cette princesse, Poiltenet, un de ses valets de chambre, en fit hommage à Triel, sa ville natale. On distingue aussi, dans cette église, la beauté du chœur, que l'on croit avoir été bâti par ordre de François Ier, et sous lequel passe une rue, au moyen d'une voûte qui le supporte. De Triel à Poissy, nous passons devant les villages de Vernouillet, Medan, Vilaine, que nous laissons à notre droite, et nous arrivons à cette petite ville, assez célèbre à des titres tout-à-fait différents. Les agriculteurs, les commerçants, les gens *positifs* de ce monde vous en citeront son grand marché de bestiaux destinés à l'approvisionnement de la capitale, sa fameuse caisse d'escompte, modèle de sagesse administrative, de régularité et d'exactitude, instituée pour payer aux marchands de bestiaux le prix des bœufs que leur achètent les bouchers de Paris, jusqu'à concurrence du crédit ouvert à ces derniers par le préfet de la Seine. Ils vous citeront aussi les belles terres labourables et les riches prairies dont cette petite ville est entourée. Puis écoutez les antiquaires, les savants, les amateurs des vieux souvenirs historiques; ils vous diront que la fondation de Poissy remonte à l'an 868; que Robert, fils de Hugues Capet, le bon et doux Robert, qui avait, disait-il, besoin de toute sa patience et de son courage de chrétien pour supporter les mille tracasseries et les chagrins que lui causa la méchante Constance, sa femme, avait à Poissy *un hôtel de campagne;* que Louis IX, ce roi si sage et tout à la fois si pieux et si chevaleresque, y naquit le 24 avril 1215. Ils vous rappelleront ce titre simple qu'il aimait à se donner : *Louis de Poissy.* Ils vous parleront de cette église que son fils, Philippe-le-Hardi, y fit construire, et dont l'autel était placé à l'endroit même qu'occupait le lit de Blanche de Castille, quand elle donna le jour au *roi saint*. En quittant Poissy, après avoir jeté un coup d'œil sur la maison de détention, nous apercevons à notre droite Achères, et à gauche Cerrières, Andresis, Maurecourt, puis Conflans, qui doit son nom au confluent de l'Oise, rivière qui prend sa source dans les Ardennes, passe à Guise, Compiègne, Beaumont, Pontoise, et vient se jeter dans la Seine, entre Conflans et Maurecourt. Nous apercevons Herblay, et nous voici à Maisons-Laffitte, terme de notre voyage fluvial. C'est là que s'arrête le steamer qui vient de nous faire parcourir si délicieusement et si rapidement cinquante-cinq lieues environ. Nous le quittons tous à regret ; c'est si commode, ce voyage sur l'eau ; on lit, on se promène, on dort, on cause, on mange, on boit, on fume même, pourvu que ce ne soit pas sur le gaillard d'arrière, place privilégiée, tout cela en faisant quatre lieues à l'heure. Point de fatigue, de cahots, de poussière ; un joli salon meublé avec goût reçoit les amateurs de repos ; de charmants cabinets sont offerts aux dîneurs ; partout l'acajou, le cristal, la soie. Puis, en dehors, un double panorama de cinquante-cinq lieues, bordé de forêts, de prairies, d'anciennes forteresses, de châteaux, d'églises, peuplé de villes et de villages dont les habitants tout ébahis vous regardent passer, fourmillant d'îles qui vous croisent et vous heurtent comme de verdoyants navires. Qu'est-ce que l'insipide et étroite diligence, comparée à tout cela ?

6.

CHAPITRE VII.

De Saint-Germain à Paris.

Laissons donc la foule descendre à Maisons et se caser dans les accélérées, voitures qui vont transporter gens et paquets rue de Rivoli, dans la capitale du monde civilisé. Voulez-vous prendre une barque, et continuer avec moi notre navigation jusqu'à Paris, il nous reste seize lieues à faire. La lune nous éclaire de sa mélancolique lumière ; jetons un dernier coup d'œil sur Maisons, qui doit son nom de Maisons-Laffitte au riche banquier, propriétaire actuel du château, chef-d'œuvre de François Mansart. Nous passons ensuite devant le Mesnil-Carrières, et nous apercevons Saint-Germain. Que de souvenirs viennent se presser à ce nom historique ! Sur cette belle terrasse qui s'étend sur une longueur de 1,200 toises, et qui domine le fleuve si beau et si calme, la douce et passionnée La Vallière venait promener ses tendres pensées et ses timides remords. Là sont nés Marguerite de Valois, mère de Jeanne d'Albret; Henri II, Charles IX, Louis XIV. Là Marie Stuart, épouse alors de François II, riche d'un avenir de reine, rêvait sans doute de longues et paisibles années passées au sein de la France, sa belle, sa chère France, dont peu de temps après elle s'éloignait, hélas! pour toujours, allant porter sa ravissante tête à la jalousie de femme et de reine de la *vierge* reine Élisabeth. Là est mort en 1701 un autre Stuart, ce pauvre Jacques II, que son gendre et sa fille, appelés à la couronne, avaient pour ainsi dire chassé de son trône et de son pays. Là enfin habita un de ses compagnons d'exil, le spirituel comte d'Hamilton, auteur des *Mémoires de Grammont* et d'autres charmantes productions.

Si nous étions à pied, nous irions visiter avec intérêt les travaux du chemin de fer jusqu'à Paris, qui sont presque terminés ; mais il faut remettre ce plaisir à un autre voyage, et continuer notre route par eau.

Le bourg qu'on aperçoit échelonné au pied et sur le penchant des hauteurs de Saint-Germain, et devant lequel est établi un pont de bois, s'appelle Le Pecq.

Nous arrivons à Marly, dont la machine hydraulique sert à conduire les eaux à Versailles. La première machine avait été inventée par un charpentier liégeois nommé Rennequin Sualem, qui, dit-on, ne savait ni lire ni écrire. Les eaux s'élevaient à une hauteur de cinq cents pieds, au moyen de quatorze roues, et étaient reçues dans un aqueduc formé de trente-six arches, et ayant trois cents toises de longueur sur quinze de hauteur. Cette machine depuis a été bien simplifiée par M. Martin, ingénieur ; les quatorze roues ont été rempla-cées par deux, que fait marcher une ma-

chine à vapeur et qui fournissent une plus
grande quantité d'eau. Voici Bougival, situé
à l'une des extrémités d'un vallon déli-
cieux, dont l'église, d'une jolie construction,
renfermait les cendres du premier inventeur
de la machine de Marly ; La Malmaison, séjour enchanteur qu'affectionnait particulièrement l'impératrice Joséphine, et qui fut
la dernière résidence de Napoléon en 1815 ;
Ruel, village fort ancien, habité par les
rois de la première race, et qui possède une
belle église dans laquelle on remarque les
tombeaux de M. Tascher de la Pagerie,
oncle de l'impératrice Joséphine, et celui
de Joséphine, tout en marbre blanc ; Croissy,
Bezons, où les rois de la première race ont
fait battre monnaie, et où la Seine est traversée par un pont de bois, de construction
hardie ; Argenteuil, situé dans une position agréable, et retraite de la célèbre Hé-
loïse après les malheurs d'Abeilard ; Saint-
Denis, Saint-Denis ! lieu de sépulture des

rois de France, dont la vue attristait telle-
ment Louis-le-Grand, que cette raison lui
fit abandonner, dit-on, le château de Saint-
Germain, d'où il ne pouvait éviter d'aper-
cevoir cette abbaye, qui devait engloutir
sa toute-puissance et sa royauté. De la célèbre abbaye de Saint-Denis, il n'existe
plus que l'église, dont la construction remonte aux XIIe et XIIIe siècles ; la crypte, ou
église souterraine, date même de l'époque
de Charlemagne : c'est un des monuments
de France les plus curieux à visiter par les
tombeaux qu'il renferme et par les souvenirs historiques qui s'y rattachent.

Voici Clichy, Asnières, Courbevoie à la
belle caserne, et Neuilly, l'un des plus
beaux villages des environs de Paris. En
1606, Henri IV, traversant la rivière dans
un bac avec la reine, faillit être noyé ; on
construisit dès lors un pont de bois qui,
successivement emporté et rebâti, fit place
enfin au magnifique pont actuel, élevé sur

les plans de l'ingénieur Perronnet. Sa longueur est de sept cent cinquante pieds. Le château que nous apercevons à droite appartient à la famille d'Orléans.

Là nous touchons pour ainsi dire à Paris, mais ne voulant débarquer qu'au quai d'Orsay, il nous reste encore un assez long circuit à parcourir. Nous passons devant Longchamp, Boulogne, Saint-Cloud, dont le château, bâti par Lepautre, était le séjour ordinaire de Napoléon et de l'ancienne famille royale, dans la belle saison ; Sèvres, dont la manufacture de porcelaines, créée en 1750 et dirigée aujourd'hui par M. Brongniart, est célèbre dans toute l'Europe par la beauté de ses produits ; Auteuil, charmant village, sur la lisière du bois de Boulogne, tour à tour la demeure de Boileau, Molière, Racine, La Fontaine, et tout récemment de l'habile peintre Gérard ; Passy, village situé sur une colline qui domine la Seine ; puis enfin voici Paris. Là, je vous laisse, ami voyageur. J'ai fini tant bien que mal mon rôle de cicerone ; je vous laisse, et vous remets entre les mains de Sauval, Félibien, Sainte-Foix, Jaillot, Thierry, Dulaure, Landon et de Saint-Victor, qui vous feront faire connaissance intime avec la *grande ville*. Adieu.

FIN.

ITINÉRAIRE

DE PARIS A ROUEN,

Servant de guide aux voyageurs qui descendent la Seine, avec renvoi aux chapitres descriptifs de l'ouvrage.

L'ordre de cette nomenclature est celui des lieux à parcourir.

RIVE GAUCHE.	Pages.	RIVE DROITE.	Pages.
Paris.	71	Paris.	71
Grenelle.		Passy.	71
Vaugirard.		Auteuil.	71
Issy.		Le Point-du-Jour.	
Moulineaux.		Billancourt.	
Meudon.		Boulogne.	71
Bellevue.		Longchamp.	71
Sèvres.	71	Neuilly.	70
Saint-Cloud.	71	Villiers.	
Le Calvaire.		Clichy.	70
Surênes.		Saint-Ouen.	
Puteaux.			

ROUTES DE ROUEN A PARIS.

ROUTE D'EN BAS (par Mantes).

34 lieues ou 17 postes un quart.

Rouen.
Eauplet.
Lescure.
La Mi-Voye.
Saint-Adrien.
Port-Saint-Ouen.
Les Authieux.
Igoville.
Pont-de-l'Arche.
Incarville.
Louviers.
Gaillon.
Vernon.
Bonnières.
Rolleboise.
Rosny.
Mantes.
Limay.

Meulan.
Triel.
Poissy.
Saint-Germain.
Marly.
Bougival.
Ruel.
Nanterre.
Courbevoie.
Neuilly.
Paris.

ROUTE D'EN HAUT (par Magny).
31 lieues ou 15 postes un quart.

Rouen.
Bon-Secours.
Le Mesnil.
Franqueville.
Boos.
Bourgbaudoin.
Fleury.
Écouis.

Richeville.

Le Tilliers.

Saint-Clair.

Magny.

Bordeau de Vigny.

Puiseux.

Pontoise.

Herblay.

Bezons.

Courbevoie.

Neuilly.

Paris.

ROUTE D'EN HAUT (par Gisors).

30 lieues ou 44 postes trois quarts.

Rouen.

Bon-Secours.

Le Mesnil.

Franqueville.

Boos.

Bourgbaudouin.

Fleury.

Écouis.

Étrépagny,

Bézu.

Gisors.

Chars.

Marines.

Pontoise.

Herblay.

Bezons.

Courbevoie.

Neuilly.

Paris.

Nota. De Pontoise à Paris on peut aller par Franconville, Sannois, Épinay, Saint-Denis et La Chapelle; mais on compte, par cette route, 4 postes, au lieu de 3 et demie par Courbevoie.

BATEAUX A VAPEUR.

DE ROUEN A PARIS.

La Ville de Paris, capitaine Duval. — Sa belle construction et sa distribution à la fois élégante et commode donnent aux voyageurs tous les avantages désirables pour une navigation de 12 à 15 heures.

Ce navire a été construit au Havre par M. Lenormand. Il a 130 pieds de long sur 12 pieds de large et 7 pieds de haut. Sa machine, confectionnée à Londres par M. Mostley, est à basse pression, et de la force de 25 chevaux.

Cette année il a commencé son service le 1er avril. Son départ de Rouen a lieu à 5 heures du matin, du quai du Grand-Cours. En raison des sinuosités que présente la Seine de Saint-Germain à Paris, il s'arrête à Maisons-Laffitte, où il arrive vers les 8 heures du soir ; là des voitures bien suspendues transportent les voyageurs à Paris, rue de Rivoli, n° 4, dans l'espace de 2 heures.

De Paris, le départ a lieu à 6 heures du matin de la rue de Rivoli. On s'embarque à Maisons-Laffitte à 8 heures, et on arrive à Rouen entre 8 et 9 heures du soir. Dans les jours les plus longs, le départ a quelquefois lieu du quai d'Orsay.

Le Théodore, capitaine Narbey, bateau en fer, construit par M. Cavé, ingénieur-mécanicien; sa machine est à basse pression et de la force de 20 chevaux. Ce beau navire a 170 pieds de long.

Le Théodore et *la Ville de Paris* s'entendent pour alterner leurs voyages.

DE ROUEN AU HAVRE.

Quai d'Harcourt, vis-à-vis de l'Hôtel de Rouen.

La Normandie, capitaine Bambine, magnifique *steamer* de la force de 120 chevaux, fait le voyage en 6 heures.

La Seine, capitaine Fautrel, superbe bateau à vapeur de la force de 100 chevaux, fait le voyage dans le même espace de temps.

Le départ a lieu tous les jours, à des heures fixées d'après celles de la marée, pour entrer facilement dans le port du Hâvre.

PRINCIPAUX HOTELS DE ROUEN.

Grand hôtel de Rouen. . quai d'Harcourt.
Albion hotel. . . . . . . quai du Hâvre.
Grand hôtel des États-
Unis. . . . . *Ibid.*
Grand hôtel d'Angle-
terre. . . . . quai Boyeldieu.
Hôtel de Paris. . . . . . quai de Paris.
Hôtel du Midi. . . . . . rue des Charrettes.
Hôtel Vatel. . . . . . . rue des Carmes.
Hôtel de France. . . . . *Ibid.*
Hôtel des Messageries. . rue du Bec.
Hôtel des Vélocifères. . *Ibid.*
Hôtel de la Pomme de
Pin. . . . . rue Saint-Jean.
Hôtel du Nord. . . . . Grande Rue.
Hôtel Sevin. . . . . . . r. des Fossés-Louis VIII.
Hôtel de Bourgogne. . . rue Thouret.
Hôtel de la Rose. . . . quai Saint-Sever.

BUREAUX DES DILIGENCES.	DÉPARTS.
Messageries royales, rue du Bec.	Paris, route d'en haut, à 8 h. et demie du soir; route d'en bas, à 7 h. du mat. Caen, Gournay, Beauvais, à 6 h. du mat.
Jumelles, *Ib.*	Paris, route d'en haut, par Gisors, à 6 h. et demie du soir. Caen, à 5 h. et demie du soir.
Vélocifères, *Ib.*	Paris, à 7 h. du matin, route d'en haut. —Le Havre, à 9 h. du soir.
Berlines Rouennaises, rue des Carmes. .	Paris, à 7 h. du soir, route d'en bas.
Messageries Mainot, *Ib.*	Paris, à 6 h. et demie du soir, *Ib.*
Messageries Laffitte et Caillard, rue Thouret.	Paris, à 6 h. du soir par Gisors, et à 7 h. du soir par Mantes.—Le Havre, à 7 h. du matin par Caudebec.

POSTES.

Poste aux lettres, rue Saint-Nicolas. — Départ pour Paris, jusqu'à 8 h. du soir.

Poste aux chevaux, rue de Fontenelle, n. 20.

— Diligence pour Amiens, à 4 heures du soir.

LA PRÉFECTURE,
Rue de Fontenelle.

LA MAIRIE ou L'HOTEL-DE-VILLE,
Place Saint-Ouen.

La BIBLIOTHÈQUE publique et le MUSÉUM (galerie de Tableaux) occupent le 2e étage de l'Hôtel-de-Ville ; ils sont ouverts tous les jours de 11 heures à 4.

Les MUSÉES D'ANTIQUITÉS et D'HISTOIRE NATURELLE sont établis dans l'ancien couvent Sainte-Marie, rue Poussin.

TABLE.

CHAPITRE VI.

CHAPITRE VII.

FIN DE LA TABLE.

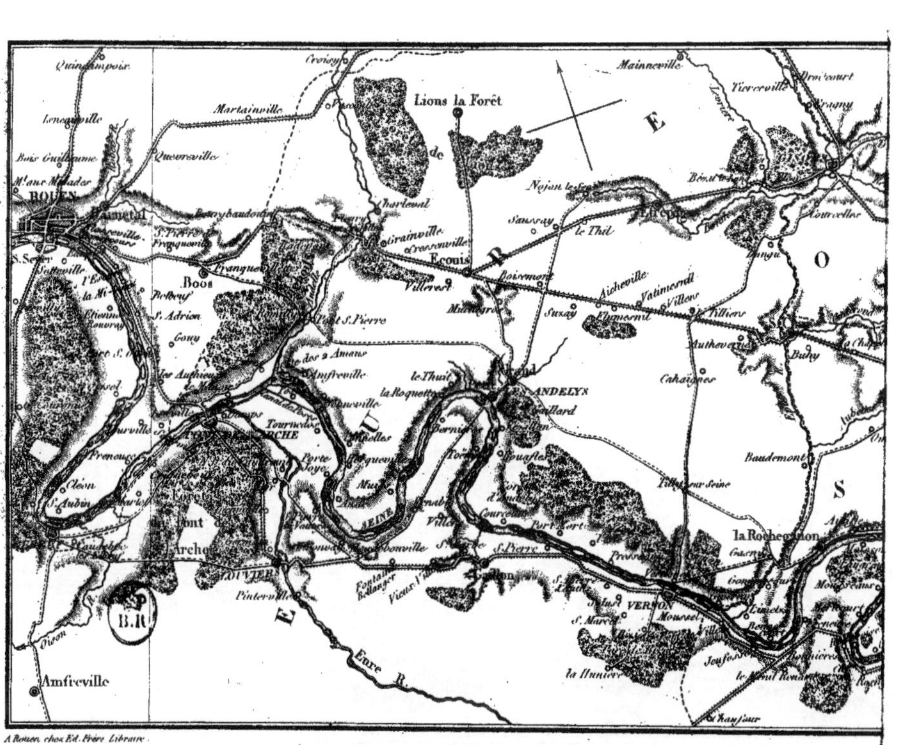

Quincampoix
Croisy
Mainneville
Vierceville
Drocourt
Martainville
Lions la Forêt
Isneauville
de
Magny
Bois Guillaume
Queuxeville
Charleval
Nojan le Sec
Bosc
Lisors
ROUEN
Grainville
Saussay
le Thil
Louvelles
Crasseville
Ecouis
Franqueville
Villervet
Boisemont
Aicheville
Vatimesnil
Villers
S. Sever
Franquet
Muchegr
Suxay
Elbuncemil
Tilliers
Boos
Pont S. Pierre
Authevernes
Bubry
S. Adrien
Gouy
Cahaignes
 les Authieux
des 2 Amans
le Thuit
ANDELYS
Amfreville
la Roquette
Gaillard
Baudemont
Tournedos
ouville
Pernier
Tilly sur Seine
Porte Joye
Muelles
Torny
Rouasto
la Roche Guyon
Cleon
MARCHE
Muy
Port Mort
S. Aubin
Forêt
SEINE
Ville
S. Pierre
mont
bonville
S. Luc
Archos
LOUVIERS
Fontaine Bellanger
VERNON
Pintervills
Vicus Villa
S. Marce
Mousset
Oison
la Hunière
Jeufos
le Pesnil Ronald
Amfreville
Eure R.
S. Vaufour

A Rouen chez Ed. Frère Libraire.

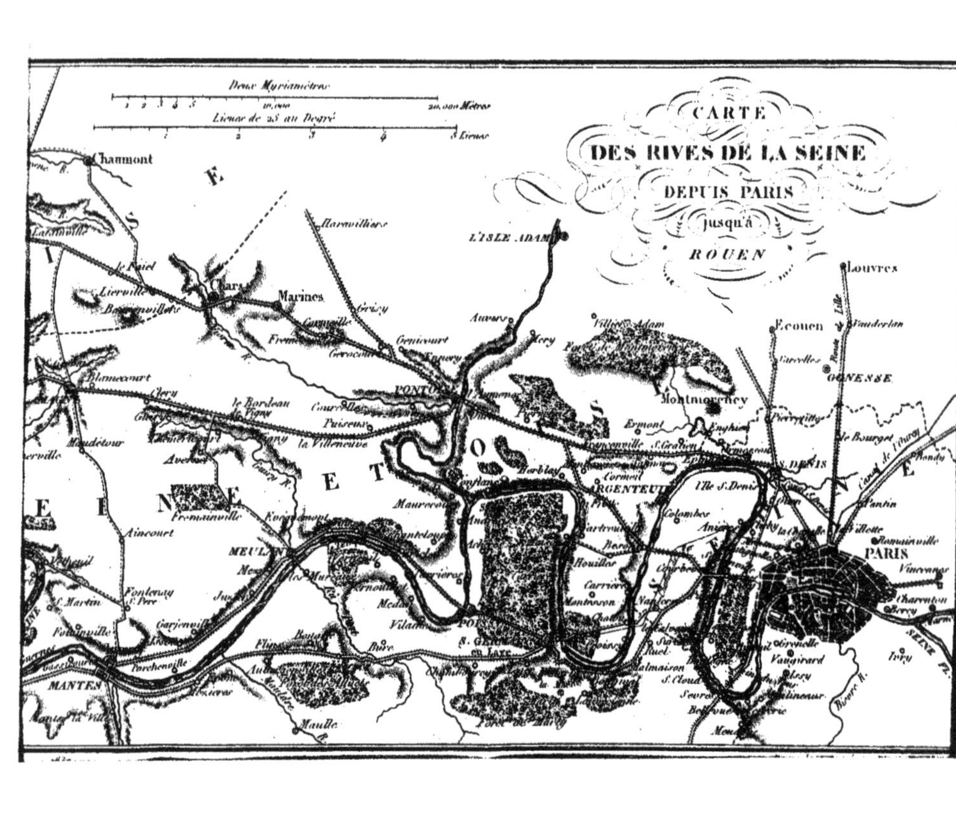

CARTE
DES RIVES DE LA SEINE
DEPUIS PARIS
jusqu'à
ROUEN
Deux Myriamètres
Lieue de 25 au Degré
Chaumont
Maravilliers
L'ISLE ADAM
Louvres
le Poiel
Lierville
Marines
Villiers Adam
Ecouen
Vauderlan
Grisy
Auvers
Montmorency
GONESSE
Genicourt
Pierrefitte
Blamecourt
PONTOISE
Ermont
Enghien
le Bourget
Clery
Puiseux
ARGENTEUIL
l'Ile S. Denis
S. DENIS
Pantin
Maudetour
la Villeneuve
Herblay
Cormeil
Colombes
Romainville
PARIS
Fremainville
Aincourt
Maurecourt
Carrières
Vincennes
MEULAN
Houilles
Charenton
Fontenay
Carrières
Montesson
Bercy
S. Martin
Garjenville
Vilame
POISSY
Grenelle
Vaugirard
Ivry
Porchesville
S. GERMAIN
en LAYE
Malmaison
S. Cloud
Sèvres
MANTES
Maulle

Librairie de la Bibliothèque de la ville,

QUAI DE PARIS, 45, ROUEN.

HISTOIRE DE NORMANDIE, depuis les temps
les plus reculés jusqu'à la conquête de
l'Angleterre en 1066, par Th. Licquet ;
précédée d'une Introduction sur la littérature, la mythologie, les mœurs des
hommes du Nord, par G.-B. Depping. —
1835. 2 vol. in-8, avec une carte. . . . . 13 fr.

Laissant de côté les productions si imparfaites et
si peu sûres de ses devanciers, Th. Licquet est re-
monté aux sources originales et contemporaines auxquelles ses fonctions de bibliothécaire de la ville de
Rouen le mettaient plus à même que tout autre de
puiser ; aussi est-il permis d'avancer qu'il a présenté
l'histoire de la Normandie sous un jour tout nouveau,
et qu'il l'a dégagée des erreurs nombreuses de dates
et de faits dont elle était semée ; qu'il a su peindre,
enfin, comme il méritait d'être peint, ce peuple si

intrépide dans les combats, si étonnant par ses conquêtes, si haut placé dans la politique de l'Europe, qui sut en même temps donner une impulsion aux lettres et aux arts, et chanter le premier, dans l'idiome national, les exploits qui ont rendu son nom à jamais fameux.

Le travail de Th. Licquet embrasse les *Annales de la Normandie*, depuis la domination romaine jusqu'à l'établissement de Guillaume en Angleterre, fait immense qui scinde l'histoire de cette province, et qui, dans la pensée de l'auteur, formait une partie du cadre qu'il s'était tracé. Chronologie, faits politiques et militaires, mœurs, religion, arts, littérature, sont passés successivement en revue dans ce vaste tableau, que terminent, sous forme d'*appendice*, les récits de la bataille d'Hastings, empruntés à plusieurs chroniqueurs contemporains, et qu'ouvre une introduction due à la plume de M. Depping, où l'influence morale et matérielle des hommes du Nord sur la contrée qu'ils avaient conquise, leurs systèmes théogonique, militaire et poétique, sont développés avec étendue.

Histoire de la Normandie sous le règne de Guillaume-le-Conquérant et de ses successeurs, depuis la conquête de l'Angleterre jusqu'à la réunion de la Normandie au royaume de France ; par G.-B. Depping, auteur de l'histoire des Expéditions maritimes des Normands. — 1835. 2 vol. in-8. 13

Beaucoup d'événements sont communs, pour cette époque, à l'Angleterre et à la Normandie, et, pour bien apprécier le caractère et la conduite des rois d'Angleterre, il faut les suivre dans leurs États sur le continent, et les voir aussi parmi les Normands. Durant cette période, l'histoire de Normandie sert à compléter, et quelquefois à expliquer celle de la Grande-Bretagne.

C'est, d'ailleurs, un temps fertile en événements remarquables et instructifs. Les circonstances singulières qui suivirent la mort du Conquérant, le règne déplorable de son fils Robert Courte-Heuse, l'avénement de Henri Ier, le naufrage de *la Blanche-Nef*, qui fit périr une cour jeune et brillante de beauté, et une partie de la famille de Henri Ier ; la guerre de famille entre Henri II et ses fils ; les longs et funestes démêlés que ce prince eut avec l'archevêque de Cantorbéry, le fameux Thomas Becket ; la croisade de Richard-Cœur-de-Lion ; les guerres de rivalité entre l'Angleterre et la France sous les règnes de Richard et de Philippe, les vices de Jean-Sans-Terre, et les causes qui lui firent perdre la Normandie : voilà, sans doute, de grands événements pour la postérité ; quelques-uns de ces événements ont même un intérêt pour ainsi dire dramatique.

M. Depping, auteur de l'*Histoire des Expéditions maritimes des Normands*, et d'autres ouvrages historiques couronnés ou mentionnés honorablement par l'Institut de France, a traité ce sujet avec tous les développements qu'il exigeait. Il a consulté et reproduit scrupuleusement les témoignages des contemporains, ainsi que des auteurs qui ont écrit peu de temps après ; il les a comparés, et, lorsqu'ils ne s'accordaient pas, il a cité leurs assertions diverses : il s'est aidé des chartes et diplômes, des lettres des personnages éminents, qui sont parvenus à la postérité ; il a profité du grand nombre de documents que possèdent les archives de l'Échiquier de Londres, et a donné les extraits des traités, conventions, et autres pièces diplomatiques dont l'authenticité n'est pas contestée. L'auteur a trouvé, dans les bibliothèques publiques, quelques pièces qui n'avaient pas encore été publiées ou qui étaient peu connues ; enfin il n'a pas négligé de rapporter aussi, sur les grands événements, les opinions d'auteurs marquants de nos temps modernes, parce qu'ils jugent, en général, l'histoire sous un point de vue plus élevé que ceux du moyen âge, et qu'ils sont nécessairement dégagés des préventions qui pouvaient fausser l'esprit des contemporains.

Description historique des maisons de Rouen les plus remarquables ; par E. de la Quérière. — 1821. In-8 , fig. 8

Description de la cathédrale de Rouen ; par Gilbert. — 1837. In-8 , fig. 4

Tombeaux de la cathédrale de Rouen ; par A. Deville. — 1837. In-8 , fig. 7   50

Description de l'église de Saint-Ouen de Rouen ; par Gilbert. — 1822. In-8 , fig.   5

Histoire du Privilége de Saint-Romain, à Rouen ; par Floquet. — 1833. 2 vol. in-8 , fig. 16

Contes populaires, préjugés, patois, proverbes, noms de lieux, de l'arrondissement de Bayeux ; publiés par F. Pluquet. — 1834. In-8 , fig. 3   50

Essai historique sur Louviers ; par Paul Dibon. — 1836. In-8 , fig. 5

Essai historique et descriptif sur la Peinture sur verre ancienne et moderne, et sur les vitraux les plus remarquables de quelques monuments français et étrangers ; suivi de la Biographie des plus célèbres peintres-verriers ; par E.-H. Langlois. — 1832. In-8 , fig. 8

Notice historique sur l'Académie des Pali-
nods; par Ballin. — 1834. In-8, fig. . . .   3

Le Roman de Rou et des ducs de Normandie; par Robert Wace. Publié, pour la
première fois, d'après les manuscrits de
France et d'Angleterre, avec des notes
pour servir à l'intelligence du texte; par
F. Pluquet. — 1827. 2 vol. in-8, fig. . . 20

Observations philologiques et grammati-
cales sur le Roman de Rou, et sur quelques règles de la langue des Trouvères
au xiie siècle; par Raynouard. — *Dans
le même volume :* Supplément aux notes
historiques sur le Roman de Rou; par
Aug. Le Prevost. — 1829. In-8.   3   50

Notice sur la vie et les écrits de Robert
Wace; par F. Pluquet. — 1824. Grand
in-8.   3

Miracle de Nostre-Dame, de Robert le
Dyable, fils du duc de Normandie, à qui
il fu enjoint pour ses meffez qu'il féist le
fol sans parler, et depuis ot nostre Sei-
gnor mercy de li, et espousa la fille de
l'Empereur. — Publié pour la première

fois d'après un manuscrit du xiv⁰ siècle
de la Bibliothèque du Roi. — 1836. In-8,
fig.   6

Notice historique sur Robert-le-Diable ; par
A. Deville. — 1836. In-8   1   25

Chroniques anglo-normandes. Recueil d'extraits et d'écrits relatifs à l'histoire de
Normandie et d'Angleterre pendant les
xi⁰ et xii⁰ siècles ; publié pour la première
fois d'après les manuscrits de Londres,
de Cambridge, de Bruxelles, de Douai
et de Paris ; par Francisque Michel (im-
primé sous les auspices et avec l'autori-
sation de M. Guizot, ministre de l'in-
struction publique).—1836. 2 vol. in-8.   12

OUVRAGES DIVERS.

Le Roman de Brut, par Robert Wace,
poëte normand du xii⁰ siècle, publié
pour la première fois, d'après les manuscrits des Bibliothèques de Paris, avec
un commentaire et des notes, par Le
Roux de Lincy. — 1836. 2 vol. in-8, fig. 20

HISTOIRE des Anglo-Saxons, de sir Francis
    Palgrave; traduite de l'anglais par Alexan-
    dre Licquet. — 1836. In-8, fig. 7   50

La manière ingénieuse et tout-à-fait nouvelle dont
sir Francis Palgrave a traité l'*Histoire des Anglo-
Saxons*, fait de son livre une lecture non moins
attrayante qu'instructive. Ce savant archiviste du
trésor royal de l'Échiquier, bien différent de tant
d'auteurs qui revêtent de formes pédantesques leurs
pâles trivialités, et qui s'étudient uniquement à mas-
quer leur médiocrité par les dehors hautains d'une
érudition transcendante et inaccessible, annonce,
au contraire, comme un simple livre d'éducation,
son ouvrage, qu'un homme de science a pu seul
composer, et dont aucun homme de science ne dédai-
gnera la lecture. On peut donc s'étonner avec raison
de cette sorte de coquetterie littéraire

Qui, pour donner beaucoup, ne nous promet que peu.

L'auteur a voulu nous offrir une de ces heureuses
solutions du problème d'un livre intéressant pour
tous, quels que soient l'âge et la position de chacun.

FRAGMENTS littéraires de lady Jeanne Grey,
    reine d'Angleterre, avec la traduction;
    précédés d'une notice sur la vie et les

écrits de cette femme célèbre; par Ed.
Frère. — 1832. In-8, portrait. 4

Cours de littérature à l'usage des jeunes
étudiants et des gens du monde, ren-
fermant des considérations nouvelles sur
les littératures ancienne et du moyen-
âge, et sur celle des XVIIe, XVIIIe et XIXe
siècles; par Ch. Durand. — 1836. 2 vol.
in-8. 7

Excursions dans l'Amérique méridionale,
trad. de l'anglais, de Ch. Waterton. —
1833. In-8, fig. 6

Dictionnaire des arts du dessin : la peinture, la sculpture, la gravure et l'architecture; par M. Boutard. — 1826. In-8. 7

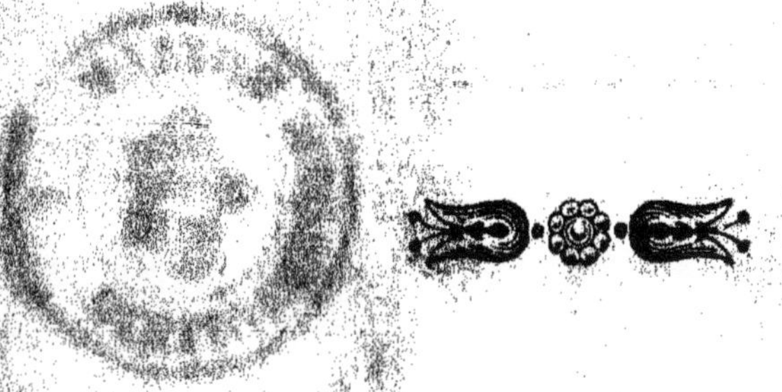

Voyage de Rouen à Paris.